POÈMES DU MONDE ENTIER II

DU MÊME AUTEUR :

L'amour en cinquante sonnets (autoédition, 2006)
Et vogue la musique (autoédition, 2007)
Ballades humoristiques (autoédition, 2007)
De-ci de-là (autoédition, 2008)
Ballades des animaux (autoédition, 2008)
Des gens ordinaires (autoédition, 2008)
Sonnets fantastiques (autoédition, 2008)
Ballades des métiers (autoédition, 2009)
Sonnets pour le vingtième siècle (autoédition, 2010)
Sonnets anglais (autoédition, 2010)
Ballades botaniques (autoédition, 2011)
Sonnets pour deux générations (autoédition, 2011)
Rondeaux et rondels (autoédition, 2012)
Poèmes anciens (autoédition, 2012)
Haïkus et tankas (autoédition, 2012)
Ballades des quatre saisons (autoédition, 2013)
Chansons enfantines (autoédition, 2013)
Poèmes à chanter (autoédition, 2013)
Sonnets des six continents (autoédition, 2013)
Ballades satiriques (autoédition, 2014)
Poèmes à chanter II (autoédition, 2014)
Sonnets de l'Histoire de France (autoédition, 2015)
Poèmes coréens (autoédition, 2015)
Sextines de tous temps (autoédition, 2015)
Pantouns de France et d'ailleurs (autoédition, 2015)
Chants royaux d'hier et d'aujourd'hui (autoédition, 2015)
Sonnets pour une Provence mystérieuse (autoédition, 2015)
Sonnets pour un Paris mystérieux (autoédition, 2016)
Sonnets pour la ville d'Orange (autoédition, 2016)
Poèmes du monde entier (autoédition, 2016)
Sonnets en assonance (autoédition, 2017)
Sonnets pour les provinces de France (autoédition, 2017)
Poèmes à chanter III (autoédition, 2017)
Poèmes à tout vent (autoédition, 2017)

Michel MIAILLE

POÈMES DU MONDE ENTIER II

Michel MIAILLE, éditeur

Michel MIAILLE, éditeur,
michel.miaille@orange.fr
ISBN : 979-10-91164-56-6
« Le code la propriété intellectuelle interdit les copies ou reproductions destinées à une utilisation collective. Toute représentation ou reproduction intégrale ou partielle faite par quelque procédé que ce soit, sans le consentement de l'auteur ou de ses ayant cause, il est illicite et constitue une contrefaçon, aux terme des article L 335-2 et suivants du Code de la propriété intellectuelle. »

AVANT-PROPOS

Comme chacun sait, notre époque est à la mondialisation et ce dans tous les domaines même si, par ailleurs, celle-ci engendre une recrudescence des particularismes de toutes sortes. Une certaine uniformisation voit le jour dans le domaine de la culture et de la littérature et, bien entendu, les poètes et la poésie n'y échappent pas.

J'ai voulu, dans un premier temps, pourtant, tenter modestement d'établir quelques ponts dans ce domaine si particulier en essayant d'adapter, en français, quelques formes typiques de poésie venues d'ailleurs. J'ai ainsi tenté, dans un premier temps, de montrer qu'il était possible d'écrire des triades mongoles, des rubaiyat persans, des luc bat vietnamiens, des cywyddau gallois et autres coplas espagnoles, en français tout en respectant les formes d'écriture locales.

L'expérience, bien que ténue, voire périlleuse, m'a paru passionnante ; bien des fois, je me suis posé des questions, bien des fois je suis resté perplexe ; je n'ai pas hésité à rendre visite à des poètes anglo-saxons qui m'ont semblé plus à l'aise sur ce terrain que nous Français ; j'ai analysé leur démarche en me disant souvent « qu'est-ce que ça pourrait donner en français ». Puis je me suis lancé.

Aujourd'hui, j'ai décidé de recommencer ou plutôt de continuer l'expérience avec de nouvelles formes et de nouveaux poèmes « venus du bout du monde » et je vous livre ici abhangas indiens, rispetti italiens, sedokas japonais, shairis georgiens et autres poèmes et puis le monde est devenu si petit de nos jours, qu'on peut facilement en faire le tour, en poésie du moins.

Michel Miaille

ABHANGAS INDIENS

Devant nous un sommet,
Quelques forêts lointaines,
Le glouglou des fontaines,
Des cieux chantants.

Un animal qui court
Tout au milieu des feuilles ;
Ici un passant cueille
Des champignons.

La nature est en fête :
Les fleurs disent bonjour ;
Un oiseau fait sa cour
Sur une branche.

Le soleil nous sourit
À travers les clairières
Et l'on fait des prières
Au créateur.

Merci la vie qui vient,
Dans des heures nouvelles,
Au rythme des semelles,
Frappant le sol.

De gros nuages noirs
Forment un puissant voile
Où rêvent des étoiles
Au cœur du ciel.

On sent venir l'enfer
Avec ses cris fantasques
Et ses étranges masques
Brillant, la nuit.

On guette les éclairs ;
L'orage est en colère ;
La folie s'accélère
Dans la forêt.

Dessus une région,
L'eau célèbre sa fête,
La mine satisfaite,
Le cœur ardent.

Mais tout change soudain :
Un coin bleu se soulève
Et le soleil se lève,
Plein de gaité.

Une goutte s'en vient,
Descendue des nuages,
Tombant sur une page,
Avec douceur.

Quelques perles d'eau tombent,
Petits ruisseaux de larmes,
Emplis de mille charmes
Sous le soleil.

Ce monde transparent
Devient une rivière
Tandis que la lumière
Descend du ciel.

Les différents cours d'eau
Se transforment en fleuves,
Affrontant mille épreuves,
L'une après l'autre.

Tout au bout une mer
Fait voltiger ses vagues,
Immenses terrains vagues
À l'horizon.

Enfin un océan
Déploie ses flots immenses
Et ses extravagances
Sans fonds, sans fin.

Voyez dans l'univers
Toutes ces eaux limpides,
Cascades ou rapides,
Courant pour nous.

Les fleurs sont revenues ;
Le printemps fait son chant
De son air aguichant,
Tout en lumière.

Puis revoici les plages,
Les chansons de l'été,
Le soleil exalté
Et ses rayons.

Des langueurs monotones
Font l'automne frileux
Et de l'eau dans les yeux
De chaque feuille.

Déjà l'hiver, les neiges,
Ont mis leur blanc manteau
Et chaque boqueteau
Ressent le froid.

Demain, d'autres années
Referont le refrain
De ce futur prochain
Qui nous attend.

Resteront quelques traces,
De quoi se souvenir,
Des jours qui font vieillir
Puis qui s'effacent.

Le voyage commence
Après neuf mois très longs
Dans l'attente au salon
D'un corps de femme.

Puis voici la naissance,
Ce jour tant attendu,
Pour cet enfant venu
Dessus la terre.

Bonjour et bonne chance,
Toi l'être humain nouveau,
Tanguant sur un bateau
Comme nous autres.

La route sera longue
Avec tous ses détours
Et toutes ses amours
Qui vont et viennent.

Des gens de toutes sortes
T'attendent au tournant
Au fil de nombreux ans,
Toute ta vie.

Tu devras faire en sorte
De rester toujours fort,
Vaincre les coups du sort,
Les surmonter.

Alors merci pour elle,
La vie et ses plaisirs,
Les maux et les loisirs,
Qui vont ensemble.

ÉPITAPHES FRANCAISES

À un parolier inconnu du grand public

Ci-gît un illustre inconnu,
Dessous cette pierre glacée.
De lui, vous n'aurez retenu
Que cette chanson cadencée
Et ce doux refrain de toujours.
Ses musiques couraient la rue
Ses mots parlaient de nos amours
Et d'une époque disparue
Pourtant redites-lui merci
Pour ses superbes ritournelles
Sachant effacer le souci
Dans des romances éternelles.

À Dolly mon chien préféré

Nous avons beaucoup partagé,
Des moments et des jours intenses,
Courant sous le ciel ombragé
À travers les campagnes denses.
Nous étions comme deux amis
Foulant le sol dessus la terre
Sans voir que le temps avait mis
Entre nous son chant solitaire.
Aujourd'hui, juste quelques mots
Parlent d'une époque lointaine.
Tout autour, de petits rameaux,
Comme les eaux d'une fontaine,
Coulent dessus ton souvenir,
Se souvenant du temps qui passe,
Laissant une histoire à finir
Qui se meurt un jour dans l'espace.

Au plus grand cornard de tous les temps

Ci-gît, blasé, le prince des cornards.
Même de jour, sa plus grande amoureuse
L'aurait trompé sans prendre de retard,
Offrant son corps telle la pire gueuse.
De sa vie il ne put cacher ses cornes
Qui régnaient sur tout un vaste terrain
Mais à présent celles-ci sans fin ornent
Une grande salle au musée Grévin.
Si vous venez le visiter un jour
Voyez tous ces témoins de l'adultère
Et ces méfaits que pratique l'amour :
Des Cupidon vils rôdent sur la terre.

Au plus grand marchand d'illusions

Ici repose un magicien,
Un fabricant de tromperies,
Abusant le jeune ou l'ancien
Dans son grand lot de menteries.
Il dissimulait dans sa tête
Des tas de combines, de tours,
Des aventures jamais nettes,
Ne vous laissant aucun recours.
Des illusions se sont perdues
Dans son lot de malversations ;
Quelques-unes nous sont connues
Parmi tant de viles actions.

Aux morts de la fosse commune

Ici reposent des inconnus,
Des passants sans nom ni matricule,
De pauvres gueux qu'on n'a jamais vus,
Tous ceux dont le souvenir recule.
Vous, qui viendrez un jour en ces lieux,
Ayez une pensée attendrie
Pour ces êtres seuls et malheureux
Dont le commun du monde se rit ;
La vie a oublié leur chemin
À travers ses coups et ses rudesses ;
Qui sait, juste avec un coup de main
Ou simplement un peu de tendresse...

Aux jours enfuis

Ci-gisent tant de jours enfuis,
Victimes de l'année nouvelle,
Des jours accompagnés des nuits
Que seul le souvenir rappelle.
Ils vous rediront, qui le sait,
Les grands moments de votre vie,
La douleur, le moindre méfait,
Le temps des pleurs ou de l'envie.
Alors pensez parfois à eux,
Ces vieux moments de l'existence,
Pleins de bonheur ou malheureux,
Semant le plaisir, la souffrance.

Au meilleur guitariste de tous les temps

Ici repose un monument,
Lui qui faisait hurler la foule
Avec son plus proche instrument,
Lui qui donnait la chair de poule
À ses milliers d'admirateurs.
L'espace tout entier résonne
Des riffs brulants et des clameurs
Quand il jouait comme personne.
Bien des festivals se souviennent
Du jeu de mains et de la voix ;
De lointains échos nous parviennent
Des morceaux que jouaient ses doigts.
Passant, debout devant sa tombe,
Songe à tous ces moments bénis
Que d'autres ont vécu dans le monde
Lorsque les hommes sont unis.

À quelques vieilles pierres

Ci-gisent les dernières pierres
De ce qui fut un monument,
Un trésor pour la terre entière,
Seule trace d'un grand moment.
Qui se souvient des vieux cailloux
Quand le temps efface leur trace ?
Le passé, tous ses vieux remous,
Ont une langue peu vivace.
Vous qui passez dans la forêt,
Entre les herbes et les plantes,
Faites juste un petit arrêt
Face à ces ruines pantelantes.

À un inconnu

Ici git un bel inconnu,
Quelqu'un qui vécut sans la gloire,
Seul, sans amis et méconnu
Et dont on ne sait pas l'histoire.
Fut-il chétif ou bien vaillant,
L'âme et le corps tout pleins de force ?
Fut-il cet être vacillant,
Fragile dessous son écorce ?
Qui sait ce que fut son enfance ?
A-t-il grandi dans le bonheur ?
Son pays était-il immense
Ou simplement d'un poids mineur ?
Là, face à cette simple pierre,
On voudrait tant lui demander
Dans ce tout petit cimetière
Où l'on aime à se balader.

À une étoile morte

Ci-git, dessous un lourd caveau,
Les restes d'une étoile morte.
A-t-elle porté le flambeau,
Un des ceux que la gloire exporte ?
A-t-elle vogué dans l'espace,
Pareille à de brillants soleils
Que l'univers un jour efface
Malgré des éclats sans pareils ?
Etait-elle naine ou géante,
Eclairant tout de ses lueurs ?
Seule reste d'elle présente
Une tombe aux mornes couleurs.

ODES FRANCAISES

Ode à Pinou

Comme un vieux chantre d'autrefois,
Mon Pinou je te chante,
Toi qui restes le roi des rois
Dans ces murs que tu hantes.

Des poils blancs et noirs tout soyeux,
Des bonds dans la cuisine,
Des moments tristes et joyeux
Revoilà ta course coquine.

On craint tous tes débordements,
Tes instants de folie,
Tous tes nombreux chambardements,
La maison démolie.

Tu surgis comme un arrogant,
Une longue fusée,
Un animal extravagant
À l'allure attisée.

On est pourtant admiratifs
Devant ton corps agile
Dévastant parfois nos massifs
Par quelque coup de patte habile.

Mais nous restons tout ébahis,
L'âme toute en tendresse,
Le corps et le cœur envahis
D'un bonheur qui nous suit sans cesse.

Ode aux forêts du monde

Forêts, vous m'avez enchanté
Dans tant de promenades,
Sous les cieux bleus d'été,
Sous les arbres et leurs arcades.

J'ai connu l'instant éternel
Malgré les parcours rudes,
Dans un irrésistible appel,
Loin de mes habitudes.

J'ai connu le soleil brulant
Et la chaleur torride
Puis le feuillage jaunissant
Lorsque l'automne devient guide.

J'ai senti vos mille parfums
Courant sous la charmille,
Salué vos arbres communs,
Tels des amis, une famille.

Restez tout au fond de mon cœur,
Toi, l'ivresse charmante,
Vous, balades dans le bonheur
Que ma mémoire me commente.

En vous demeurent pour toujours
Le meilleur de ma vie,
La nature et ses plus beaux jours
Dans mon âme ravie.

Ode à la musique

Si je demeure un jour ou deux
Sans écouter vos tendres jeux,
Mon âme lentement s'angoisse,
Pleine de vides et d'envies ;
Je vois revenir les soucis
Et mes maux lentement s'accroissent.

Vous, instruments dans tous les tons,
Orgues puissantes, mirlitons,
Vous embellissez l'existence,
La vie et son mal quotidien
Par vos airs nouveaux et anciens
Qui, tour à tour, pleurent ou dansent.

Notes sortant de nulle part,
Rhapsodie ou chant du départ,
Vous résonnez dans les villages,
La grande ville aux mille bruits
Et ses tapages inédits
Apportant fureurs et orages.

Violons, cymbales et tambours,
Vous chantez la farce ou l'amour ;
De temps en temps une fanfare
Laisse place à la symphonie
Quand, là aussi, tout nous sourit
Quand d'autres plaisirs se préparent.

Vous le jazz et le rock and roll
Faites vibrer les cœurs, les sols,
Avec vos notes déchaînées
Amenant de nouveaux publics,
Bien loin des vieux parterres chics
Et des mélodies surannées.

Vous les refrains, vous les chansons,
Offrez de sublimes moissons
À tous les hommes de la terre.
Nous voulons vous dire merci,
Heureux et le cœur radouci
Sans souci des jours, des critères.

Ode aux eaux de France

J'aime à contempler souvent
Le fleuve avec le torrent ;
Leur cours sans arrêt défile
Avec tous les flots qui filent ;
Le fleuve est parfois rapide
Dans son élément liquide ;
Le ruisseau est insolent
Avec son débit plus lent ;
La rivière est paresseuse
À la façon d'une Meuse.
La mer aux reflets d'argent
Prend parfois un air chantant
Et lance de grands sourires
À d'invisibles navires
Qui s'en vont vers l'Orient.
Le cœur joyeux et content,
Un océan magnifique
Lance ses vagues magiques
Avec ses immensités
Et ses longs cris agités.
Souvent, la pluie et ses gouttes
Offrent de nouvelles routes,
Se déplaçant chaque jour
Avec le nuage lourd.
Parfois l'effrayant tonnerre
Rugit, se met en colère
Avant d'affronter les monts
Dans de puissantes chansons.
Alors, vous les eaux de France,
Je vous vois et vous encense
Dans vos éternels parcours
Semblant parfois des concours
Remerciant la nature.

La végétation future,
Les cieux et toute la terre
Jouent un étonnant mystère.
Les cours d'eau, les grands ruisseaux,
Les nénuphars, les roseaux,
Entendent ainsi mon ode
Indifférente à la mode.

Ode aux jardins de la ville

Jardins dans cette grande ville,
Vous poussez sans bruit, l'air docile,
En attendant les visiteurs,
Les enfants tout pleins d'innocence
Dans chaque jour qui recommence
Et dont vous êtes les acteurs.

Les mamans cherchent une place,
Un coin vert à défaut d'espace
Et surveillent leurs chers bambins,
Cette enfance qui se promène
Tout au fil de chaque semaine,
Ces angelots, ces chérubins.

Les bassins refont leur musique,
Cette chanson si sympathique
Où courent fleurs et nénuphars.
Même le petit poisson rouge
Fait le tour de l'endroit et bouge
Sans souci des grands boulevards.

Ainsi chantonne la nature
Et le ciel fait une toiture
À tous ces flâneurs éternels
Et, pendant ce temps-là, la ville,
Avec un tour de main habile,
Chante ses jardins officiels.

RISPETTI ITALIENS

Je suis parti de bon matin,
Déjà prêt à la première heure,
Vers un paysage lointain
Là-bas où mon amour demeure.
Je sais ce que pense son cœur,
Ses grands yeux tout pleins de douceur,
Pour écrire à deux notre histoire,
Ce destin auquel on veut croire.

Le soleil lève son museau,
Lorgne le ciel et fait risette ;
Dans la forêt le bel oiseau
À la nature fait causette.
Un autre jour est déjà là
Et redit coucou me voilà.
Que l'amour saisisse sa chance
Dessous la clarté qui commence.

Voici notre doux rendez-vous
Dans ce parc où des enfants courent.
D'ici, de là, d'autres que nous,
À grands coups de cœur s'énamourent.
Le temps rigole doucement
De tous ces cœurs insouciants,
Lui qui a vu tant de romances,
De bonheurs suivis de malchances.

Le printemps, l'été ou l'hiver
Défilant au cours des journées
Ont vu des bonheurs, des revers,
Avec l'amour, ses démêlés.
L'automne tout trempé ronronne,
Attendant que son heure sonne.
Les feuilles mortes sur le sol
Chantent aussi leur ras-le-bol.

Nous voilà au fond du caveau
Seuls avec nos plus belles heures.
D'autres gens courent à nouveau
Les routes fleuries les meilleures.
Nous avons eu des avanies,
Et tant de gaités infinies.
Des jours de vie, des jours d'enfer
Mais nous remercions hier.

À quoi ressemblera demain,
Entre déceptions et envies ?
Saurons-nous nous donner la main ?
Et partager les voies suivies ?
Nous avançons et parions,
Sur ce jour où nous nous marions,
Nous voyons l'avenir qui chante ;
Celui que le bonheur arpente.

Que pense l'amour de nous deux
Chantant l'éternelle rengaine
De ces gens simplement heureux,
Avançant l'allure certaine ?
Peut-être est-il, qui sait, jaloux,
Quand il connait tous nos jeux fous,
Nos plaisirs, nos jours de romance
Entrainant avec eux la chance.

Les bancs du vieux jardin d'antan
Se souviennent de ces années,
Des amoureux dans leur élan,
Avec tant de douces menées.
Le temps a parcouru leur vie
Apaisant leur âme ravie.
Il ne reste qu'un souvenir
Qui vient souvent les réunir.

J'aime à revoir nos vieux jours d'autrefois
Où le bonheur avec dame insouciance
Nous a donné, de si nombreuses fois,
Un doux soleil et ses rayons de chance.
On poursuivait tous deux la longue route
Pour le plaisir tout en craignant le doute.
Mais on savait que demain et toujours
Aiment à faire aussi de grands détours.

Un ange blanc du nom de Cupidon
S'est installé un jour dessus nos têtes,
Tout simplement en nous faisant le don
D'un vrai bonheur et d'éternelles fêtes.
Il a lancé, avec son arc, ses flèches,
En allumant ses innombrables mèches.
Ce doux cadeau qui s'appelle l'amour,
Lui qui voyage et sait faire sa cour.

Nous formerons une grande famille
Entre nous deux et nos nombreux enfants,
Avec ces jours que la tendresse habille
Comme une amie aux doux rayonnements.
Le ciel mettra son grand sac de cadeaux
Dans l'existence à la saveur exquise
Malgré les heurts et mille soubresauts.
Où brilleront le bonheur, son emprise.

Parfois l'amour vous fait une surprise
En vous jouant de bien étranges tours
Et j'ignorais qu'elle m'était promise,
Cette étrangère aux étonnants atours.
Nous partageons les mille évènements
Que cette vie écrit avec sa plume
Loin du pays où se font les romans,
Un jour en bleu, un autre dans la brume.

Nos deux cœurs battent la chamade
Comme des amoureux transis
Dans cette tendre sérénade
Où nos deux corps sont embellis
Mais nous n'avons rien inventé,
Dans ce chant de banalité,
Quand la passion et la tendresse
Habitent à la même adresse.

Nous deux, c'est comme une chanson,
Un refrain qui bat la campagne,
Le bonheur dans chaque saison
Lorsque le bleu nous accompagne.
Les jours heureux de notre vie
Donnent envie d'avoir envie.
Nous faisons plaisir aux jaloux
Par ce joli titre d'époux.

Deux amours se trouvent un jour
Et décident de vivre ensemble
Puis, sans trompette ni tambour,
Font un seul cœur qui les assemble.
Tous les trois ne font qu'un seul être
Et ce trio ne fait plus qu'un.
Mais ils devront tous disparaitre
Se dit alors tout un chacun.

L'amour parle à son beau miroir
Des choses qui le préoccupent,
De ses amourettes d'un soir
Aux instants bénis qui l'occupent.
Tous deux se font leurs confidences
Franchement sans rien se cacher,
Des plaisirs et des imprudences
Qui les font parfois se fâcher.

Mon amour qu'es-tu devenue
Au fil de nos jours, de nos nuits ?
La rude vieillesse atténue
Nos moments de plaisir enfuis.
Le temps efface les instants
De bonheur, de joie, sur la route,
Pour l'homme avec ses errements.
Dans l'indifférence, le doute.

Où sont passés bals et jeunesse,
Les guinguettes, les vieux refrains ?
J'aimerais pourtant que renaissent
Tous nos vieux bonheurs souverains.
Tant de pas et tant de flonflons
Résonnent avec un orchestre
Qui me rappelle nos saisons.
Avec sa chanson pittoresque

Notre amour revoit les marées
L'océan, son balancement,
Ses longues flèches acérées
Au trait pas toujours performant.
Nous maitrisons les jours qui vont,
Malgré les moments ordinaires,
En créant de nouveaux rebonds.
Nous reformant en partenaires,

L'amour se promène en secret
Cherchant, qui sait, une conquête,
Dans des lieux, un endroit discret
Pour un magique tête-à-tête.
Il ne sait pas quelle rencontre
L'attend, là, sans faire de bruit,
Quand la passion soudain se montre,
Un jour de cieux bleus ou la nuit,

SEDOKAS JAPONAIS

Que fait le ciel bleu
Quand les nuages s'envolent
Comme de grands oiseaux blancs ?

Qui peut bien savoir ;
L'espace décide, seul,
La direction du voyage.

Toi, l'arbre debout,
Que vois-tu à l'horizon,
Peut-être le bout du monde ?

La forêt se tait,
Indifférente aux questions,
Portant le vert de partout.

Canards dessus l'eau,
Où courrez-vous sans arrêt,
Heureux, sans souci du temps ?

Le lac silencieux
Voit tant d'animaux divers
Défiler à quatre pattes.

Pourquoi cette biche
Ouvre tout grand ses oreilles
Vers les dangers près d'ici ?

Des bruits sont présents ;
Chacun reste sur ses gardes ;
Des animaux sont armés.

Pourquoi le grand loup
Se cache-t-il dans les bois,
Les yeux tout emplis de feu ?

Les gentilles bêtes
Ne pensent pas au vil monstre,
Ignorant les grandes dents.

Le soleil doré
Montre-t-il d'autres couleurs
Au fil du temps, des saisons ?

Le ciel qui sait tout
Connait toutes les réponses ;
Il se tait et ne dit rien.

Le nuage blanc
Qui court au fil des nuées,
Que porte-t-il avec lui ?

L'oiseau dans le ciel
Ne fournit pas de réponse,
Tout en poursuivant sa course.

Où s'en va le vent
Avec son murmure sourd,
Ses colères imprévues ?

Peut-être les nuages
Connaissent-ils la réponse,
Eux qui filent sans parler.

Pourquoi tombe la neige
Quand le soleil grille tout
Dans ses rayons d'Outre-mer ?

Le ciel ne sait pas
Et continue sa musique
D'un bout à l'autre du monde.

Quel oiseau peut dire
Où vont les chemins du ciel,
Vers le bout de l'univers ?

Le vol de cigognes
File tout droit vers le sud,
Cherchant les notes dorées.

Que racontez-vous,
Longs flots sur les océans,
À grands coups d'écume blanche ?

L'eau imperturbable
Court sur ses vastes chemins
Avec ses mots de toujours.

Peupliers, cyprès,
Que voyez-vous dans le ciel
Avec vos grands nez pointus ?

L'espace fini
Regarde loin, tout en bas,
Tous ces milliers de points verts.

Où vont les nuages,
Vers quels horizons lointains
Au bout du monde, là-bas ?

Leur cohorte blanche
Poursuit leur route sans bruit ;
Qui peut dire où elle va.

Soleil en sourire,
À qui distribues-tu ton or,
Tes rayons tels des trésors ?

L'astre ne dit rien,
Tout à son brulant travail,
Vieux forgeron dans l'espace.

Où vas-tu comète
Avec ta superbe queue
Illuminant les ténèbres ?

L'animal brillant
Se déploie tel un ruban,
Comme un morceau de bonheur.

Système solaire,
As-tu des frères lointains
Pour parler de temps en temps ?

L'univers est vaste
Et je ne les connais pas,
Mes amis du bout du monde.

Le soleil, la lune
Ont aujourd'hui rendez-vous ;
Mais savez-vous donc pourquoi ?

Les deux se sourient
Et se font de grands clins d'œil ;
Peut-être qu'un amour nait.

Les pingouins ensemble,
À quoi rêvent-ils, ici,
Rassemblés sur la banquise ?

La mer et la glace
Rechantent leur refrain froid
En ces endroits très hostiles.

Hommes, animaux,
Ces lieux que vous fréquentez,
Est-ce qu'ils sont bien à vous ?

Tous, indifférents,
Courent d'un endroit vers l'autre,
Sans soucis des lendemains.

Années différentes,
Que pensez-vous, dans vos têtes,
De ces choses d'ici-bas ?

Le temps, sans rien dire,
Poursuit son lointain parcours
Et vogue vers l'infini.

SHAIRIS GEORGIENS

Pour traverser la vie entière et ce chemin qu'on nous assigne,
Un long cours d'eau avec ses ponts défile alors et nous fait signe,
En souriant ou en pleurant avec des mots que l'on consigne
Qui nous montrent, ici et là, et de partout, diverses lignes.

Un fil léger qui va grandir avec lenteur court dans un pré ;
Ses gouttes d'or font un ruisseau, une rivière aux accents frais.
Des arbres verts, d'immenses champs, des monts pentus et des forêts
Poussent ainsi à longueur d'an, le teint nouveau, l'air enchanté.

Des ponts divers en bois, en fer, sont installés sur le parcours.
Il faut passer tous les obstacles, vaincre les maux, le temps qui court
Et, quelquefois, on reste là, désemparés et le cœur lourd,
Dans le grand bain de l'existence où se pressent les ans, leur cours.

Enfin un jour, après la peur, l'hésitation, l'envie de fuir,
Le port est là, triomphateur, offrant ses dons, son avenir ;
Les voilà tous, bien entassés, tels des cailloux, les souvenirs
Et l'on revoit les eaux usées d'un vieux passé qui va mourir.

Le dernier jour vient d'arriver avec ses yeux plissés et sombres.
Il vient vers nous, nous abolir, son vil regard tout chargé d'ombres
Et nos années seront, hélas, un simple chiffre et juste un nombre ;
Les souvenirs viennent s'éteindre et lentement un à un sombrent.

La ville entière écrit son chant dès le début d'une journée
Et son éveil fait résonner tant de splendeurs quand l'aube nait.
Voici déjà que retentit ce ciel tout chaud des maisonnées
Quand le jour vient, que le soleil et ses éclats font leur tournée.

Les camions, prêts de bon matin, vont emmener leur chargement
Au loin, là-bas, sans plus tarder, filant déjà vers les clients.
Les lourds moteurs font leurs ronrons, l'âme et le cœur en conquérants
Quittant soudain les entrepôts, ces lieux emplis par les marchands.

Puis les autos avec les cars, le cœur gagnant, prennent leur tour
Dans un départ habituel, pour un petit, un long parcours,
Sur une route, un boulevard où, sans arrêt, le monde court
Vers son destin, des petits riens, depuis longtemps, depuis toujours.

Les magasins lèvent le nez pour découvrir un ciel nouveau.
Chaque étalage est tout heureux et son étal, comme un drapeau,
Flotte dans l'air et dans la rue et chacun croit au bel assaut
Des acheteurs, tout plein d'amis, rêvant d'achats et de cadeaux.

Dans chaque école, on voit l'élève s'en aller vers monsieur savoir,
Le cœur joyeux ou l'âme triste ; certains, c'est sûr, pensent au soir,
À ce retour à la maison mais, pour l'instant, il peut pleuvoir,
Il faut apprendre à tout connaitre : les grands moments, le désespoir.

Dans le zoo, les animaux, très lentement, font quelques pas
En humant l'air ; d'autres, bien-sûr, pensent déjà à ce repas
Qui les attend ; chacun aussi ne pense qu'à son propre cas
Même si d'autres, très résignés, indifférents, ont le cœur las.

Ainsi la vie et l'existence refont sans fin leur symphonie,
Toute en labeur, toute en bonheur, entre le froid, le temps béni
Que les saisons savent fournir. Pourtant sans fin, disons merci
À ces moments que sait donner la grande ville et son génie.

La grande gare et tous ses feux ont sonné hier le grand départ
Vers l'infini, tous ces pays qui défilent de part en part
Comme un cortège où chaque humain regarde au loin et veut sa part
En s'arrêtant ici ou là, le cœur perplexe et puis repart.

Le long voyage écrit son nom dans les déserts, dans les forêts.
Le train s'en va toujours plus loin tout en marquant quelques arrêts.
Ici l'on voit des monuments, des champs de fleurs, des minarets,
Lorsque le monde expose ainsi tous ses grands traits, ses intérêts.

Tous les wagons très lentement font leur trajet dans la montagne.
Des animaux, le long des voies, de leur regard les accompagnent.
Le plus souvent de petits lacs, des champs, des bois, une campagne
Disent bonjour et bienvenue quand la nature se fait compagne.

Un jour enfin, sous le soleil, le froid, la pluie, les blancs flocons
Voici le port et l'arrivée. Un ciel bruyant et des balcons
Marquent la fin de ce périple et le début d'une saison
Qui se finit dès maintenant ; entendez-les, ces nouveaux sons.

Je bâtirai un bel empire plein de terrains conquérant tout,
Des courtisans très empressés et d'immenses palais tout fous ;
J'aurais du marbre avec de l'or et des chambres du meilleur gout,
Des coffres lourds remplis d'argent, de lingots jaunes et de bijoux.

J'inviterai des troubadours avec leurs chants et leurs musiques.
J'appellerai souvent chez moi les amuseurs aux tours magiques,
Les poètes et les acteurs, les docteurs, les grands scientifiques,
Les plus connus, les plus savants dans le domaine au nom mythique.

J'aurai la plus douce compagne et la plus belle femme au monde ;
Qu'elle vienne d'ici, d'ailleurs, qu'elle soit brune ou plutôt blonde.
Je bénirai tous les grands dieux quand le bonheur vient à la ronde ;
De ça, je n'en doute jamais, pas un instant, une seconde.

Quand les années auront couru, au fil des ans, au fil du temps,
Je m'en irai, peut-on savoir, vers mes rêves trop innocents.
Lorsque viendra la triste nuit, quand s"en viendra monsieur bilan,
J'en rirai ou j'en pleurerai, le cœur blasé depuis longtemps.

Aux quatre coins de l'univers se croisent de nombreux chemins
Où des hommes tout en couleur se redonnent parfois la main.
Certains croient en des jours meilleurs tout en rêvant des lendemains.
D'autres préparent un ciel d'enfer avec ses maux noirs, inhumains.

Les animaux s'en vont au loin, l'allure preste, indifférente,
Sans grands soucis et sans penser à la fureur omnipotente
Des éléments, à cette mort cachée partout et qui attente
À cette vie offerte un jour au vide intense, à la tourmente.

Les grands arbres, si silencieux, les longs cours d'eau, les vastes mers,
Creusent sans fin un sol soumis au froid glacial des longs hivers
Ou au soleil dévorant tout de ses rayons chauds et pervers
Quand la nature offre aux humains tant de bienfaits, tant de revers.

Ainsi le temps, inexorable, envoie ses traits durs ou magiques
Dessus la terre et ses vivants, chansons de guerre ou bien cantiques ;
On voit alors rire ou pleurer un monde fou ou erratique
Régnant sur tout avec bonheur, avec l'accent des jours tragiques.

TETRACTYS ANGLAIS

Route
Qui court
Et s'en va
Vers tous les hommes,
Emmène-moi vers de lointains pays.

Ciel
Qui brille
Sur la terre
Et les humains,
Regarde bien ces spectacles divers.

Bête
Cachée,
Tapie là,
Dans les buissons,
Vois l'animal qu'on appelle être humain.

Pluie,
Le jour,
Sans arrêt
Dessus les champs,
Les plantes et les arbres sont mouillés.

Vent
Qui va
De partout,
Fais ton long chant
Dessus la terre et tous ses habitants.

Neige,
Flocons,
Qui tombaient
Depuis hier,
Voyez la terre et son tapis tout blanc.

Arbres,
Nature,
Vous humains,
Là, rassemblés,
Sentez passer le froid d'un autre temps.

Chat,
La nuit
Ou le jour,
Tes yeux perçants
Sont surchargés de lourde méfiance.

Chiens
Fidèles
Qui aboient
Dessous les cieux,
Des chiens lointains vous envoient d'autres mots.

Loups
En file
Dans la nuit,
En queue leu leu,
Vers quels endroits partez-vous tout au loin ?

Poules
Chantantes
Ou en pleurs,
Grattez le sol
Pour rechercher des trésors infinis.

Rats
Courant
Sans arrêt
Dans les greniers,
Quels doux trésors se cachent dans les sacs ?

Dindes
Dodues,
Le corps gras,
Pour les festins,
Qui mangera vos morceaux pour Noel ?

Porcs
Souillés
Mais chair rose,
Pour quels gourmets
Seront fins prêts tant d'excellents morceaux ?

Chants
Lointains
Dans la rue,
La joie promène
Ses notes bleues aux accents de lumière.

Contes,
Fredaines
Et romans,
Tout plein d'histoires
Courent sans fin au fil du papier fin.

Sons,
Musiques,
Instruments,
Tout un orchestre
Chantent la terre avec leurs mélodies.

Parc,
Statues
Immobiles,
Des passants lents
Vont et viennent au cœur de la verdure.

Cadres,
Tableaux
Et dessins,
Contre les murs,
L'art en silence écrit une chanson.

Mots
En fête,
Écrivez,
Avec des rimes,
Un long poème à la façon d'un chant.

Arts
Vivants
Ou perdus,
Au fil des ans,
Vous invitez l'homme vers le bonheur.

Doubles tétractys

Vous,
Nuages
Dans le ciel,
Souvent changeants,
Vous en voyez de toutes les couleurs
Mais, tout à coup, selon l'inspiration,
Vous filez loin,
Tout là-bas,
Noyer
L'air.

Vols
D'oiseaux
Migrateurs
Volant tout-haut,
Vous contemplez la nature et les champs
Et vous pensez dans vos petits cerveaux
Que tout-en bas,
Loin des nues,
Le monde
Meurt.

Chants
Humains
Sur la terre,
Ecoutez donc
Cette chanson des anges dans les cieux ;
Imaginez un monde différent
Et des musiques
Dans les airs,
Sans haines,
Pures.

Femmes
D'ici,
De toujours,
Admiratives,
Voyez courir ces enfants éternels
Comme un cadeau, un présent de la terre
Qui vient un jour
Eclairer
Un ciel
Clair.

URJUZAHS ARABES

La neige tombe avec lenteur et s'étale dessus le sol
Et son manteau repeint en blanc les bois glaciaux, les paysages.
Hiver le froid pointe son nez, cruellement, comme un démon,
Giflant le bois plein d'animaux, tous les humains et leurs visages.

Chaque montagne avec son lot d'arbres gelés montre son nez,
Lance ses mots emplis de gris, d'un temps de gel et de froidure.
La ville entière envie alors l'ancien printemps avec ses fleurs
Chargées d'espoir, gorgées du bleu qui fait sourire et qui rassure.

Le désert froid prend ses quartiers, loin du soleil, de ses rayons,
De son humeur et de ses traits. Les jours qui vont semblent figés,
L'âme semblable à un démon où le vent noir lance ses flèches,
En défiant l'ancien été, ses mois enfuis, son sol brulé.

De longs bateaux marchent sans fin sur l'océan, dessous le ciel ;
Ils emportent au loin, là-bas, des voyageurs au bout du monde ;
Une eau immense écrit son chant dessus les flots impétueux
Ne cherchant pas à démontrer à chacun que la terre est ronde.

De grands oiseaux suivent l'engin dans son parcours imperturbable ;
Quel animal s'en vient ici dans sa cuirasse et son grand corps ?
De quel pays si loin de nous, sous d'autres cieux, au gré des vagues,
Apporte-t-il des souvenirs ? Qui dira d'où vient-il alors ?

Une île frêle entend au loin glisser sur l'eau cet animal
Qui, quelquefois, ressemble à elle, errant sans fin sur cet espace
Tout vert et bleu. Le bruit des vents, seul, solitaire, écrit ses maux
Jusqu'à ce ciel où sa fureur, de temps en temps, gronde et menace.

Le grand monstre, un peu hautain, suit sans fin son lointain périple.
Sa force aidant, les flots fumants laissent passer ce dinosaure.
Ainsi debout, ses passagers émerveillés, plongent leur vue
Vers l'horizon, toujours curieux, vers ce coucher que le soir dore.

Mais lentement, la bête énorme s'en va plus loin, avec lenteur,
Très sûrement, vers des pays, un paradis qui se déploie
Sous les Tropiques, son sable blanc, ses cocotiers, ses gens heureux,
Là où l'on joue, sans tralalas, sans grands effets, l'hymne à la joie.

Alors la mer reprend son cours, ses jeux avec ses habitudes
Et le silence, avec le temps, vient retomber sur la nature.
Le monde est grand, l'homme petit, sans ses habits tout d'apparence ;
Demain verra, soyez-en sûrs, d'autres passants, leurs aventures.

La forêt s'agite sans fin parmi ses milliers d'animaux
Avec des cris dissimulés et parfois de cacophonie ;
Des arbres verts, de leur hauteur, dominent tout un paysage
Et tout ce monde clandestin fait une belle symphonie.

Voici de superbes oiseaux et leurs plumes tout en couleurs ;
Dans son costume bigarré le perroquet se veut le roi ;
D'autres oiseaux de sa famille écrivent leurs chansons criardes
Et tout ça fait un vrai concert que tout en haut on aperçoit.

Des bestioles de toutes sortes se faufilent dessus la terre
Et l'on doit souvent prendre garde à bien des pièges invisibles.
Araignées, sangsues et serpents n'aiment pas être dérangés
Et leurs réactions, tout à coup, sont très souvent imprévisibles.

La nature se fait hostile aux êtres humains de passage ;
Elle sait cependant offrir quelques cadeaux, quelques présents,
Aux visiteurs impétueux ; l'eau cachée et la nourriture,
Pour ceux qui savent les trouver, sont offerts comme des présents.

La vie est là, dissimulée au cœur d'un grand empire vert,
Dans des endroits où faune et flore écrivent leurs superbes pages.
Notre monde semble bien loin de ces immenses lieux hostiles
Où bêtes et plantes ont l'air sorties ensemble d'un autre âge.

Alors tous les explorateurs, missionnaires et conquérants,
Parcourent de lointains chemins qu'aucun crayon n'a dessinés
Et puis s'en vont, toujours plus loin, vers tous ces endroits inconnus
En suivant, malgré les écueils, le chemin des aventuriers.

L'expédition va lentement à la cime du grand sommet
Avec ses hommes courageux attachés le long d'une corde.
La montagne cache ses pièges et ses nombreux dangers présents
Lorsque des rafales hostiles sans cesse giflent et vous mordent.

Les nuages passent sans fin et cachent les grands cieux tout bleus
Comme des hordes peintes en noir où le froid refait sa chanson.
La nature semble en colère comme un animal aux longs crocs,
Prêt à dévorer sa victime tout au bout d'un morne horizon.

Souvent il pleut, souvent il neige, sur le désert d'Himalaya ;
Les sherpas, les explorateurs, surveillent chacun de leurs pas.
Même si le métier est là, la vigilance est de rigueur
Et tous savent, par expérience, que le danger ne prévint pas.

Voilà déjà une semaine que les hommes vont de l'avant
En ne parlant que ce qu'il faut sur l'immensité de la terre.
Aujourd'hui, tout somme demain, l'avenir est fait d'imprévus
Et l'on découvre, chaque jour, chaque heure, un étonnant mystère.

Ici les êtres sont égaux devant une nature hostile
Et le courage est en silence lorsque des arbres imposants
Semblent régner, tels des seigneurs, dans un pays de bout du monde
Même si ce bel univers a bien des aspects reposants.

On songe à la grande victoire après de longs jours harassants
Et l'on voit un drapeau qui flotte, là, en haut des pentes ardues.
Dans quelques heures tout au plus, la récompense sera là
Lorsque l'on voit de tous côtés quelques immenses étendues.

Et tout à coup voici la joie et le monde entier qui admire
Les exploits de certains d'entre eux et leur gloire toute éternelle
Car, au fond de chacun de soi, l'être humain se dit et redit :
Malgré tant de nombreux défauts, Courage et Génie nous appellent.

Il parait qu'un nouveau seigneur vient de naître tout près d'ici
Dans ce pays comme un désert où la nature est très aride.
On ne connait pas ses parents, les êtres qui l'ont engendré,
Lui ce sauveur tant attendu et qui doit nous servir de guide.

Une étable est son seul logis avec de simples animaux,
Un petit âne avec un bœuf pour le réchauffer de leur souffle.
Juste une crèche et de la paille abritent le nouvel enfant
Dans ce pauvre décor rustique et qu'un simple habit emmitoufle.

Déjà partis d'un peu partout, des hommes empruntent les chemins
Qui les mèneront jusqu'à lui malgré tous les vents et les sables.
Les rois mages venus de loin sont en route depuis longtemps
Malgré la nature cruelle avec ses marches mémorables.

Les voici donc qui cheminent avec des présents dans les bras
Pour venir adorer ce dieu tout juste arrivé sur la terre.
Sa venue est un beau cadeau mais excite ses ennemis,
Lui dont la nouvelle existence est comme un angoissant mystère.

L'avenir de l'humanité se lèvera dessous ses pas
Et les mots de ce nouveau roi referont l'histoire de l'homme.
Une foi nouvelle va naitre au rythme de ses oraisons
Tandis qu'un monde ancien s'écroule et que se meurt la grande Rome.

Alors qu'il soit le bienvenu comme un ambassadeur des cieux,
Celui qui nous délivrera de nos erreurs et de nos fautes.
L'amour qu'il saura dispenser au milieu de tant de pêcheurs
Saura sauver tous les humains gaedant l'âme et la tête hautes.

TENDI SWAHILI

Un sentier court dans la forêt,
Montrant le plus grand intérêt
Pour ceux qui passent sans arrêt
Et regardent au loin leur ville.

Il observe les animaux,
Les hommes apporteurs de maux,
Passant au-dessous des rameaux,
Toute une foule qui défile.

Des hommes s'en vont le matin
Là-bas vers un défi lointain
Conquérir de précieux butins
Dans une lutte pas facile.

Ils recherchent des champignons,
Ensemble tous ces compagnons,
Souvent joyeux, parfois grognons,
Arpentant le chemin gracile.

Ils repartent quand vient le soir,
Ayant couru tout un terroir ;
Ils reviendront, emplis d'espoir,
La main toujours aussi habile.

Ils s'éloignent alors des bois
Qu'ils ont parcouru tant de fois,
Plus heureux que de puissants rois,
Retrouvant le sentier utile.

Nous avons parcouru ensemble
Ce grand pays qui nous rassemble,
Le plus beau à ce qu'il nous semble
Dans le langage des humains.

Partis depuis le sud si chaud,
Offert un peu comme un cadeau,
Le soleil nous collait la peau,
Le long de l'estival chemin.

D'autres régions sentaient le froid
Dans leurs montagnes et leurs bois,
Brulant nos pauvres cœurs parfois,
Dessous un ciel glacial mais sain.

Un vaste océan et des mers
Nous regardaient de drôles d'airs,
De leurs yeux gris, de leurs yeux pairs,
Suggérant naufrages ou bains.

Tant de villes et de villages
Nous semblaient comme des mirages ;
Nous passions en tournant les pages
Pour d'autres horizons lointains.

Courant sans cesse d'autres terres,
On était pris par leurs mystères,
Leurs côtés brillants ou austères
Qui semblaient nous donner la main.

Nous voilà au point de départ,
Après la chance et les hasards,
Retrouvant comme un étendard
Notre France et ses matins bleus.

L'émigré part sur les chemins,
Au loin vers un autre destin
Sans connaitre ses lendemains
Dans des pays de bout du monde.

La route court dans les montagnes
Et traverse mille campagnes
Et des inconnus l'accompagnent
Là où d'autres hommes se fondent.

Il pleut, il fait froid très souvent ;
Il affronte de vilains vents,
Des tempêtes, des ouragans,
La rivière qui vous inonde.

Le long parcours est sans pitié
Dans les domaines forestiers,
Les grands espaces, les sentiers,
Où bien des imprévus abondent.

Il faut payer souvent très cher ;
Le voyage a un gout amer,
Le long des champs ou bien des mers
Où les dangers font une ronde.

Le pays natal se fait loin
Mais l'on avance néanmoins,
Faisant parfois le coup de poing
Lorsque l'homme se fait immonde.

La peur lui rejoue sa chanson
Mais donne aussi de lourds frissons,
Lui faisant payer la rançon
Quand l'espoir, la peur se confondent.

Pourtant un jour voici le port,
L'arrivée, le destin, le sort
Qui ont su défier la mort,
Les cadavres qui se confondent.

Alors l'immigrant dit merci,
Se préparant d'autres soucis,
Dans un univers radouci
Après sa route vagabonde.

La longue procession s'avance
Avec tous ces morts en partance.
L'inquiétant défilé commence
Sur les chemins noirs de la nuit.

Voici les gens d'une autre époque
Avec des façons équivoques
Et des manières plus que glauques,
S'avançant tous sans aucun bruit.

Les uns semblent de longs fantômes,
Le corps recouvert d'hématomes,
Sortis d'un étrange royaume
D'où l'existence s'est enfuie.

D'autres ont des allures étranges,
Moitié démons et moitié anges,
Qu'aucun être humain ne dérange
Quand le néant vous est promis.

Les tombeaux ont ouvert leurs portes,
Libérant autant d'âmes mortes
Que la froideur nocturne emporte
Vers des sentiers où rien ne luit.

Loin de la vie et des déboires
Du monde humain, de ses histoires,
Lorsqu'il ne reste rien à croire,
Les morts-vivants meurent d'ennui.

YADUS BIRMANS

Le doux printemps
Prend son temps, sûr ;
Chaque an qui vient,
Galopin bleu,
Fait des hommes des gens plus heureux.

Les cerisiers,
Les pommiers blancs,
Premiers venus,
Devenus fleurs,
Redonnent aux branches des couleurs.

Voici l'amour,
Ses atours neufs,
Retour du vert,
Des divers chants,
S'en allant dans la ville et les champs.

Un doux réveil,
Un sommeil lent,
L'éveil des jours
Et l'amour bleu,
Vous font un doux avenir heureux.

Bien le bonjour
Au retour chaud,
Secours du ciel
Comme un miel doux
Qui va mettre les cœurs à genoux.

L'homme t'attend,
Toi printemps gai,
Présent ici,
Qu'on n'oublie pas
Quand un or nouveau guide nos pas.

L'été en fleurs,
En couleurs gaies,
Le cœur chantant,
Comprend les yeux
Des hommes, des femmes amoureux.

Les fruits juteux
Sont heureux, là,
Joyeux, brillants,
Pour les gens gais
Savourant vacances et congés.

Bonjour la mer
Aux flots verts lourds,
Couverts de bleu,
Des aveux chauds,
Quand l'amour, l'été, fait ses travaux.

Le doux soleil,
Son réveil lent
Pareil aux jours
Au long cours lent,
Distribue ses rayons lentement.

Mers et bateaux,
Chant de l'eau fraiche,
Oiseaux tout blancs,
Tant de plants gais,
Refont fleurir les cœurs en juillet.

Blés et moissons,
Horizons d'or,
Chanson qui court
Dans le jour chaud,
Célébrez la vie et ses joyaux.

Les champignons,
À foison, poussent,
Raison qui vient,
Ce matin-ci,
Transformer l'automne en paradis.

Le long chemin,
Peu serein, court
En vain vers nous ;
Un vent doux file
Sur la campagne et la grande ville.

Les arbres roux,
Un air flou, court,
Redoux d'avant
Les moments durs
Quand viendra l'hiver à l'air trop pur.

Quelques chasseurs,
Longs marcheurs gais,
Coureurs des bois,
Tant de fois cherchent
L'animal ou l'oiseau qui se perche.

Un courant chaud,
Des oiseaux gris,
Des eaux troublées,
Des fossés pleins,
Peignent une nature qui geint.

Des arbres morts,
Des renforts d'eau,
L'apport des cieux,
De curieux tons,
Donnent un air triste à la saison.

Un long chemin,
Peu serein, court
En vain sur nous
En se jouant
Des saisons et puis du temps qui va.

Voici le gris,
L'ennemi froid,
Béni d'un air
Glacial, pervers,
Que la saison appelle l'hiver.

Le grand hiver,
Ses divers maux,
Ses airs profonds,
Sur les monts blancs,
Nous font avancer plus doucement.

Le gel dehors,
Un ciel mort, froid,
Le nord est roi,
Dans les bois verts,
La neige blanche fait un enfer.

Décembre en blanc,
L'air content, chante ;
Le vent rugit
Sous l'habit froid
Qui repeint le monde en désarroi.

Voyez Noel,
Son appel vrai,
Rappel vivant
Pour l'enfant gai,
Malgré ces jours tout froids et glacés.

Ainsi le temps
Et les ans passent,
Courant toujours
Dans le cours lent
Ou dans sa marche aux pas éreintants.

Voici les mois,
Leurs émois fous,
Leurs joies s'offrant ;
Les printemps, là,
Succédant aux hivers loin déjà.

Le soleil luit,
Les jours fuient vite ;
La vie s'en va ;
Ses combats longs
Ont des airs de guerre ou de chanson.

Quatre saisons,
Des maisons gaies,
Chansons d'avril,
Un doux fil chante
Avant qu'avec l'hiver tous déchantent.

Les pommiers blancs,
Le printemps court,
Roman très doux
Et son flou gris
Et les jours froids, le gel, ses amis.

Nous aurons vu
Les ciels pluvieux,
Heureux pourtant,
Et les vents froids,
Les joies d'un soleil restant le roi.

RÉCAPITULATIF DES POÈMES :

I ABWANGAS INDIENS	P 11
II ÉPITAPHES FRANÇAISES	P 17
III ODES FRANÇAISES	P 23
IV RISPETTI ITALIENS	P 31
V SEDOKAS JAPONAIS	P 37
VI SHAIRIS GEORGIENS	P 43
VII TETRACTYS ANGLAIS	P 49
VIII URJUZAH ARABES	P 55
IX TENDI SWAHILI	P 61
X YADUS BIRMANS	P 67

Imprimé en France par lulu.com
Dépôt légal : février 2018

www.ingramcontent.com/pod-product-compliance
Lightning Source LLC
Chambersburg PA
CBHW071410040426
42444CB00009B/2181